BEI GRIN MACHT SICH IHR WISSEN BEZAHLT

- Wir veröffentlichen Ihre Hausarbeit, Bachelor- und Masterarbeit

- Ihr eigenes eBook und Buch - weltweit in allen wichtigen Shops

- Verdienen Sie an jedem Verkauf

Jetzt bei www.GRIN.com hochladen und kostenlos publizieren

Bibliografische Information der Deutschen Nationalbibliothek:

Die Deutsche Bibliothek verzeichnet diese Publikation in der Deutschen National-bibliografie; detaillierte bibliografische Daten sind im Internet über http://dnb.d-nb.de/ abrufbar.

Dieses Werk sowie alle darin enthaltenen einzelnen Beiträge und Abbildungen sind urheberrechtlich geschützt. Jede Verwertung, die nicht ausdrücklich vom Urheberrechtsschutz zugelassen ist, bedarf der vorherigen Zustimmung des Verlages. Das gilt insbesondere für Vervielfältigungen, Bearbeitungen, Übersetzungen, Mikroverfilmungen, Auswertungen durch Datenbanken und für die Einspeicherung und Verarbeitung in elektronische Systeme. Alle Rechte, auch die des auszugsweisen Nachdrucks, der fotomechanischen Wiedergabe (einschließlich Mikrokopie) sowie der Auswertung durch Datenbanken oder ähnliche Einrichtungen, vorbehalten.

Impressum:

Copyright © 2015 GRIN Verlag
Druck und Bindung: Books on Demand GmbH, Norderstedt Germany
ISBN: 9783668970526

Dieses Buch bei GRIN:

https://www.grin.com/document/489546

Yannick Burkhardt

Das Leben und Werk von Eduard Mörike

GRIN Verlag

GRIN - Your knowledge has value

Der GRIN Verlag publiziert seit 1998 wissenschaftliche Arbeiten von Studenten, Hochschullehrern und anderen Akademikern als eBook und gedrucktes Buch. Die Verlagswebsite www.grin.com ist die ideale Plattform zur Veröffentlichung von Hausarbeiten, Abschlussarbeiten, wissenschaftlichen Aufsätzen, Dissertationen und Fachbüchern.

Besuchen Sie uns im Internet:

http://www.grin.com/

http://www.facebook.com/grincom

http://www.twitter.com/grin_com

Yannick Burkhardt
Klasse 9a

Schuljahr 2009/2010

GFS im Fach Deutsch

Thema: Eduard Mörike

Inhaltsverzeichnis

Vorwort	3
Kindheit und Jugendzeit	4
Studium in Tübingen	6
Mörike als Pfarrer	7
Heirat mit Margareta von Speeth	8
Erfolge und Anerkennung	9
Das Stuttgarter Hutzelmännlein	11
Trennung von seiner Frau und Tod in Stuttgart	12
Quellenangaben	14

Vorwort

Vor 6 Jahren, ich war gerade 9 Jahre alt geworden, habe ich zum ersten Mal den Namen Mörike gehört. Die Stadt Ludwigsburg feierte mit Theater und Musik den 200-jährigen Geburtstag von Eduard Mörike, der am 8. September 1804 dort auf die Welt gekommen war.

Die Klasse meines Vaters hatte ihm zwei Theaterkarten für einen „Mörike-Abend" im Schlosstheater geschenkt. Weil meine Mutter auf meine kleine Schwester aufpassen musste, durfte ich mit meinem Vater nach Ludwigsburg fahren und dort im Schloss ein Stück in 3 Akten über Eduard Mörike sehen.. Natürlich habe ich vieles von dem, was ich dort gesehen habe, wieder vergessen. Aber eines weiß ich noch genau: Wir haben viel gelacht an diesem Abend und ich verließ das Theater mit dem Gefühl, dass dieser Mörike ein recht lustiger Mensch gewesen sein musste, der gern und oft gelacht hat.

Heute weiß ich, dass es im Leben von Eduard Mörike auch sehr viele traurige Erlebnisse gegeben hat und es ihm viele Jahre lang überhaupt nicht zum Lachen zumute war. Trotzdem hat er bis ins hohe Alter seinen Humor nicht verloren, obwohl er wohl nur in seiner Kindheit ein wirklich glücklicher Mensch gewesen ist. Denn vieles war für Mörike in seinem späteren Leben bitter: Der frühe Tod des Vaters 1817 und der überraschende Tod seines Lieblingsbruders August 1724, das Erlernen und Ausüben des Pfarrerberufes, der ihm überhaupt nicht gefallen hat, seine ständigen Krankheiten, die großen Geldsorgen, die ihn viele Jahre seines Lebens begleitet haben und die Trennung von seiner Frau Margareta zwei Jahre vor seinem Tod.

Als er 1875 in Stuttgart starb, war er jedoch ein anerkannter und bekannter Schriftsteller, dessen Gedichte, Erzählungen, Märchen und Novellen in ganz Deutschland hoch geschätzt wurden.

Von diesem Mann, seinem Leben und seinen wichtigsten Werken, möchte ich in meiner GFS berichten.

Kindheit und Jugendzeit

Wann hat man eine glückliche Kindheit? Es gibt viele Faktoren, die hier eine Rolle spielen. Besonders wichtig sind Eltern, die einen lieben, Lehrer, die einem mit Verständnis begegnen und Geschwister oder Freunde, bei denen man sich wohlfühlt. All das hat Eduard Mörike 13 Jahre lang gehabt. Deshalb sprach er als Erwachsener immer mit Dankbarkeit und einer großen Sehnsucht von seiner unbeschwerten Jugendzeit.

Eduard wird 1804 als siebtes Kind von Charlotte Dorothea Mörike und Karl Mörike in Ludwigsburg geboren. Von den sechs vor ihm geborenen Geschwistern sind nur noch zwei, Karl und Luise, am Leben. Sein Vater Karl war Arzt, genauer gesagt, Medizinalrat, seine Mutter Charlotte Dorothea Hausfrau. In seiner Familie, in die nach ihm noch 6 weitere Kinder hineingeboren wurden, fühlte er sich sehr wohl.

Wie sehr er seine Eltern liebte, zeigt ein Gedicht, das er an seinem 11. Geburtstag verfasste. In diesem Gedicht, dem er die Überschrift „Ein Wort der Liebe den besten Eltern" gab, schrieb er:

„……Freuden habt ihr mir bereitet,

Mich an Eurer Hand geleitet,

Oh, dass Ihr Euch auch so freuet,

an dem Tag, der mich Euch gab….

Vater! Der Sie durch Ihr Leben

Mir des Fleißes Beispiel geben,

Möcht ich immer mich bestreben,

Menschenfreund, wie Sie zu sein.

Mutter! Ihrer zarten Liebe,

Ihres Beispiels hoher Kraft

Dank ich alle edlen Triebe,

Jede gute Eigenschaft"

Dass auch die Eltern ihren Eduard liebten, belegen viele Aussagen von Freunden und Verwandten.

Dabei war Eduard Mörike nie ein guter Schüler. Seit April 1812 besuchte er die Lateinschule. Er war aber immer verträumt und verspielt und sammelte mit Leidenschaft Steine und Käfer.Weil deshalb das Lernen zu kurz kam, waren seine Noten entsprechend schlecht. Aber seine Lehrer schienen viel Verständnis für den kleinen Eduard gehabt zu haben. Als er wieder einmal vor sich hinträumte, sagte sein Lehrer zu ihm: „Nun, von welchem Brückle hasch denn jetzt wieder runter guckt?"

In der Familie, in der Schule und in seinem großen Freundeskreis akzeptierte man ihn so, wie er eben war. Er liebte es, mit seinen Freunden auf dem Marktplatz zu spielen oder die Stadt Ludwigsburg zu erkunden, die damals eine ganz besonders interessante Stadt gewesen sein muss.

1817 schrieb Georg Memminger:„Ludwigsburg ist unstreitig die schönste und wohlgebauteste Stadt in Württemberg..Die Straßen der Stadt sind breit, reinlich und heiter." Dieses Zitat stammt aus Memminger Buch „Stuttgart und Ludwigsburg mit ihren Umgebungen."

Diese schöne Stadt, die damals etwa 5000 Einwohner hatte, hätte Mörike wohl nie verlassen, wenn nicht sein Vater einen Schlaganfall erlitten hätte, an dem er 1817 schließlich starb. Für Eduard Mörike brach eine Welt zusammen. Mörike schrieb: „ Am anderen Morgen, bei unserem Erwachen, sagte man uns das ganz unfassliche Wort, dass wir jetzt keinen Vater mehr hätten. Das war der 22. September 1817."

Nach dem Begräbnis des Vaters trat sein Onkel Georgii an die Mutter mit der Bitte heran, Eduard nach Stuttgart mitnehmen zu dürfen. Dort wolle er für ihn sorgen und ihm zu einer richtigen Schulbildung verhelfen.

Mörikes Mutter nahm das Angebot dankbar an. Eduards Brüder wurden ebenfalls bei Verwandten untergebracht. Seine Mutter verkaufte das Haus in Ludwigsburg und zog mit ihren Töchtern ebenfalls nach Stuttgart.

Studium in Tübingen

Mörikes Onkel Eberhard Friedrich Georgii machte ihm in Stuttgart von Anfang an klar, dass es für ihn nur einen Beruf geben könne: den des Pfarrers. Zunächst aber musste er weiter zur Schule gehen. Deshalb besuchte Mörike noch ein Jahr lang das Stuttgarter „Gymnasium illustre."

Seine schulischen Leistungen waren nicht besonders, sodass es keine Überraschung war, dass er die Prüfung zum Landesexamen nicht bestand. Ohne bestandenes Landesexamen durfte er aber das Evangelische Seminar in Urach nicht besuchen, das die erste Station der Pfarrerausbildung sein sollte, die Georgii für ihn vorgesehen hatte. Jetzt griff sein Onkel ein und erreichte tatsächlich, dass man trotzdem in das niedere theologische Seminar in Urach aufnahm. So gelangte er 1818 schließlich doch nach Urach. Hier standen auch die antiken Klassiker auf dem Lehrplan. Das gefiel ihm und prägte ihn für sein ganzes Leben.

Vier Jahre später trat er in das Tübinger Stift ein, das er bis 1826 besuchte. Das Tübinger Stift war überbelegt. Statt 120 Studenten drängten sich dort 172 in den feuchten und verwanzten Räumen. Zur Bekämpfung der Insekten hielt sich Mörikes Freund Blumhardt einen Star, Mörike eine Wachtel. Das Halten von Vögeln war aber nicht erlaubt und musste im Geheimen geschehen. Auch die hygienischen Verhältnisse waren alles andere als gut. So stellte Medizinalrat Hochstetter am 23. August 1823 fest, dass das Klo zu klein sei, „wegen Mangel an Steigung" keinen Abfluss habe und deshalb „schlimme Dünste verbreitet." Mörike wohnte 5 Semester im Stift und drei außerhalb. Aber nicht nur das Wohngebäude war muffig und heruntergewirtschaftet, auch das alltägliche Leben kam Mörike altbacken und erneuerungsbedürftig vor. Alles war genau festgelegt: Die Essens-, Ruhe- und Studierzeiten und die Kleiderordnung. So musste das Mittagessen um 12 Uhr in schwarzer Kleidung eingenommen werden. Wer gegen die Ordnung verstieß, wurde bestraft, oft mit dem Entzug des Tischweins. Bei Mörike werden im 1. Semester 24 Verfehlungen registriert, im zweiten 36 und 1825/26 sogar 52. Mehrfach wird er mit Karzer bestraft, etwa wegen Rauchens in der Öffentlichkeit. In der Regel brachte es Mörike auf 10-15 Stunden Kerzer pro Semester. In den Verzeichnissen des Tübinger Stifts kann auch nachgelesen werden, dass Mörike lustlos und ohne Fleiss studiert habe. Allerdings bescheinigt man ihm, ein gutes Gedächtnis zu haben und „im Ganzen ein guter Mensch zu seyn". Das reichte, um im Herbst 1826 sein theologisches Examen zu bestehen.

Sein Examen war mittelmäßig. Das württembergische Konsistorium, bei dem er eine kirchliche Prüfung ablegen musste, schrieb:Er hat ein „ziemlich mangelhaftes, dennoch keineswegs zu verachtendes Wissen". Für mich ist das ein Widerspruch in sich selbst, aber Mörike ermöglichte dieses Urteil, Pfarrer zu werden, was er aber eigentlich gar nicht wollte.

In Tübingen lernte er auch vier Männer näher kennen, mit denen er ein Leben lang befreundet war: Wilhelm Waiblinger, Friedrich Hölderlin, Johannes Mährlen und Ludwig Bauer. Diese Freundschaften waren ihm sehr wichtig. Sie haben dazu beigetragen, dass er seine Zeit in Tübingen nicht als verlorene Zeit angesehen hat.

Mörike als Pfarrer

Nach dem Studium wurde Mörike Vikar, Pfarrverweser und schließlich 1834 Pfarrer. Er selbst empfand die acht Jahre als Vikar als „Vikariatsknechtschaft", die er „durchlitt". Schon 1827, also nach nur einem Jahr Vikariatsdienst, schrieb er: „Ich bin nun überzeugt, das geistliche Leben taugt nicht für mich."

Nach Stationen in Oberboihingen(1826), Möhringen(1926) und Köngen (1827) wurde er für anderthalb Jahre vom Kirchendienst beurlaubt. Während seiner Beurlaubung arbeitete er in Stuttgart als freier Schriftsteller und Redakteur der Franckschen „Damenzeitung". 1829 musste er aber den Kirchendienst wieder aufnehmen. Nun arbeitete er in Pflummern, Plattenhardt, Eltingen (1931),Ochsenwang (1832), Weilheim an der Teck (1832), noch einmal Owen und Ötlingen. Manche meinen, Mörike wäre in diesen Jahren auf der Flucht gewesen: vor sich selbst und dem ungeliebten Dienst in Gemeinden, in denen er sich nicht wohlfühlte.
In Plattenhardt hatte er sich 1829 mit Luise Rau, der Tochter des verstorbenen Pfarrers, verlobt. Aber auch hier zeigte er keine Beständigkeit. Er floh 4 Jahre später aus dieser Verbindung. Die Verlobung wurde 1833 wieder gelöst.

Als er 1843 Pfarrer in Cleversulzbach wurde, hatte er es sich nicht vorstellen können, längere Zeit hier zu bleiben. Dass schließlich 9 Jahre daraus wurden, kann wohl als kleines Wunder bezeichnet werden. Am 30. Juli 1834 zog er mit seiner 63-jährigen Mutter und der 18-jährigen Schwester Klara in Cleversulzbach ein, das damals etwa 700 Einwohner hatte.

Die Pfarrei von Cleversulzbach zählte zu den kleinsten und ärmsten im Königreich Württemberg. Sein Gehalt von 600 Gulden lag am untersten Niveau. Dennoch war Mörike glücklich. Endlich hatte er eine Pfarrei, konnte selbstständig arbeiten und durfte in einem großen Pfarrhaus wohnen, das von einem schönen Garten umgeben war. In diesem Garten saß er oft, um Gedichte und Geschichten zu schreiben. Zahlreiche Gedichte wurden später von bekannten Komponisten wie Robert Schumann, Johannes Brahms, Hugo Wolf, Hugo Distler und Max Reger vertont. Hier hat er 1839 sogar eine Geschichte für eine Oper geschrieben. Sie hieß „Die Regenbrüder." und wurde von Ignaz Lachner (1807–1895) vertont.

Das Glück endete 1841, als seine Mutter starb. Das war ein Schlag, der ihn schwer traf und seine an sich schon angegriffene Gesundheit noch mehr zerstörte.

Er beerdigte sie auf dem Cleversulzbacher Friedhof neben der Mutter Friedrich Schillers, deren fast vergessenes Grab er schon zu Beginn seines Pfarramtes dort entdeckt und mit einem schlichten Kreuz gekennzeichnet hat.

Zu alledem kam eine immer stärker werdende Amtsmüdigkeit hinzu.Wegen seiner schlechten Gesundheit ließ er sich zwei Jahre lang durch einen Vikar unterstützen. Als man ihm schließlich den Vikar wieder entzog und ihn vor die Entscheidung stellte, entweder zu predigen oder sich pensionieren zu lassen, ließ er sich 1843 im Alter von nur 38 Jahren auf eigenen Wunsch mit 200 Gulden Jahrespension in den Ruhestand schicken.

Heirat mit Margareta von Speeth

Im Herbst 1843 zog er nach Wermutshausen, wo er bis zum Frühjahr 1844 im Haus von Wilhelm Hartlaub (1804-1885) wohnte. Der war ebenfalls Pfarrer und seit Mörikes UracherZeit (1818-1822) mit ihm befreundet. Seine Freundschaft mit Mörike begann, als dieser in Urach in der Krankenstube lag. Hartlaub erklärte später: „Ich muss etwas geahnt haben von dem, was Ludwig Bauer von Mörike sagte: Dass er die verkörperte Poesie war, unter Poesie alles verstanden, was gut, schön, lieb und liebenswert ist. Von diesem Tag an schloss ich ihn für immer ins Herz".

Früh, schon vor der Morgenröte
Fühlt ich, Liebste, deinen Tag,
Küsste dich, o Margarete,
Wie man Engel küssen mag;
Dann, vor unsres Städtchens Toren
Riefen hundert Stimmen mir:
Dir, auch Dir ist sie geboren,
Wie vor Tausenden du ihr!

1844 zog er mit seiner Schwester Klara nach Schwäbisch Hall, später nach Bad Mergentheim. Hier traf er eine Frau, die für einige Jahre seine große Liebe wurde: Margareta von Speeth. Zu ihrem 27. Geburtstag schenkte er ihr die folgenden Verse:

Er liebte sie sehr, aber heiraten konnte er sie nicht, weil ihm das Geld dazu fehlte. Er hatte nämlich für zwei Brüder gebürgt und musste jetzt für deren Schulden aufkommen. So konnte er seine Margareta erst 7 Jahre später heiraten, als sich seine finazielle Situation wieder gebessert hatte. Ab 1851 lebte er über sechs Jahre mit 2 Frauen zusammen: seiner Schwester Klara und seiner Frau Margareta.

Erfolge und Anerkennung

Das Ehepaar Mörike zog mit Schwester Klara nach Stuttgart. Hier hatten ihm Freunde eine Stelle am Königin-Katharina-Stift besorgt, die ihm 50 Gulden jährlich einbrachte. Am dieser Schule sollte er deutsche Literatur unterrichten. Seine erste Stunde hielt er am 15. Oktober 1856 vor 50 Schülerinnen. Er behandelte Lessings „Emilia Galotti" und Goethes „Werther", was ihm sofort Schwierigkeiten mit den Eltern einbrachte. Die hielt er aber aus, sodass er weiter unterrichten durfte.

Königin Olga setzte sich auch einmal in seine Vorlesung und hörte ihm mit Interesse zu. Im Winter 1865, viele Jahre später, beschrieb Mörike diesen Besuch so: „ Die Königin kam mit 2 Begleiterinnen und ihrem Hündchen. Am Anfang hatte sie einige Fragen an mich, dann nahm sie mit einer Häkelarbeit Platz und bezeugte schließlich ihr Interesse an dem Gegenstand (Nibelungen-Lied, Siegfrieds Tod) und war recht freundlich. Wenn sie freundlich ist und lächelt, wobei man ihre schönen Zähne sieht, verbreitet sich ein eigenes, wohltuendes Licht über ihr äußerst blasses Gesicht. Besonders schön ist ihr Gang." Solche Höhepunkte gab es jedoch selten, sodass er mit der Zeit immer weniger Interesse an dieser Tätigkeit hatte. 1866 suchte er beim König um seine Entlassung nach,

die ihm auch gewährt wurde. Finanziell hatte er den Unterricht auch nicht mehr nötig, denn zwischen 1852 und 1866 war er ein anerkannter und wohlhabender Mann geworden. Er wurde zum Professor am Katharinenstift ernannt und erhielt 1852 den Ehrendoktortitel der Universität Tübingen. 1855 wurde er zumHofrat ernannt. Weitere Ehrungen folgten: 1862 der bayerische Maximiliansorden und 1864 der württembergische Friedrichs-Orden. Aber warum gab es auf einmal so viele Menschen, die ihn so sehr schätzten? Was hatte er geschrieben, dass er so viel Anerkennung fand? 1846 die „Idylle vom Bodensee oder Fischer Martin und die Glockendiebe. In sieben Gesängen". 1848 „Gedichte« (2.vermehrte Auflage). 1852 die Idylle „Der alte Turmhahn", erschienen im „Kunst-und Unterhaltungsblatt für Stadt und Land". 1853 „Das Stuttgarter Hutzelmännlein" (Märchen). Im „Kunst- und Unterhaltungsblatt für Stadt und Land« erschien Mörikes Märchen „Die Hand der Jezerte". Im Morgenblatt für gebildete Stände" wurde die Novelle „Mozart auf der Reise nach Prag" herausgebracht (Buchausgabe 1856).

Es folgten „Theokritos, Bion und Moschos" (Übersetzung, Stuttgart). Ein besonders großes Erfolg waren seine 1856 erschienenen „Gedichte" (3., vermehrte Auflage) und die „Vier Erzählungen". Als Mörike Mörike 1859 anonym „Schillers Gedichte. Auswahl für die Jugend" herausgab, war er bereits ein gemachter Mann. Er war so erfolgreich, weil er mit seinen Gedichten, Märchen und Erzählungen genau den Geschmack der Zeit traf. Die Zeit des Biedermeiers zählt noch zur Romantik, in der die Natur, Mythen und Märchen, Gefühl und Leidenschaft eine große Rolle spielten. Immer wieder schrieb er über die „Natur", die er in einer engen Beziehung zum Menschen sah. Oftmals redet der Mensch die Natur an, fordert sie auf, bittet oder beschwört sie. Die Natur wiederum trägt menschliche Züge, wird personifiziert. So schreibt er: „Der Frühling ist ein Jüngling, die Nacht eine Mutter, Wald und Wiesen träumen, die Sonne springt auf von ihrem nächtlichen Lager und fliegt über den Himmel ..." Zwei Gedichte möchte ich als Beispiel einfügen, die in ganz besonderer Weise das Lebensgefühl der Menschen in der Mitte des 19. Jahrhunderts zeigen: „Um Mitternacht" und „Septembermorgen".

Septembermorgen

Im Nebel ruhet noch die Welt,
Noch träumen Wald und Wiesen:
Bald siehst du, wenn der Schleier fällt,
Den blauen Himmel unverstellt,
Herbstkräftig die gedämpfte Welt
In warmem Golde fließen.

Man kann in einer GFS das riesige Werk Mörikes nur andeuten. Auf eine Geschichte, die ihm zu großer Bekanntheit verholfen hat und die bis heute immer wieder neu verlegt wurde, möchte ich im nächsten Abschnitt ausführlicher eingehen: Das Stuttgarter Hutzelmännlein.

Um Mitternacht

Gelassen stieg die Nacht an Land,
lehnt träumend an der Berge Wand;
ihr Auge sieht die goldne Waage nun
der Zeit in gleichen Schalen stille ruhn.
Und kecker rauschen die Quellen hervor,
sie singen der Mutter, der Nacht, ins Ohr
vom Tage, vom heute gewesenen Tage.

Das uralt alte Schlummerlied -
sie achtet's nicht, sie ist es müd;
ihr klingt des Himmels Bläue süßer noch,
der flücht'gen Stunden gleichgeschwungnes Joch.
Doch immer behalten die Quellen das Wort,
es singen die Wasser im Schlafe noch fort
vom Tage, vom heute gewesenen Tage.

Das Stuttgarter Hutzelmännlein

Im Mai 1853 erschien das „Stuttgarter Hutzelmännlein". Es schlug ein wie eine Bombe. Heute würde man sagen, es wurde ein Bestseller. Die Auflage von 2000 Exemplaren war innerhalb weniger Monate vergriffen, sodass schon 1855 eine zweite Auflage gedruckt werden musste. Dieses Märchen war eine einzige Erfolgsgeschichte und wurde zum erfolgreichsten Werk von Eduard Mörike. Außerdem entstanden durch den Briefwechsel über dieses Märchen einige Freundschaften, die für Mörike sehr wichtig wurden: die zu dem Maler Moritz von Schwind, der Scherenschneiderin Luise Walther und zu Theodor Storm, der ihn deshalb sogar in Stuttgart besuchte.

Worum geht es im „Stuttgarter Hutzelmännlein?" Der Schustergeselle Seppe bekommt vom geheimnisvollen Hutzelmännlein ein Stück Hutzelbrot, das nie aufgebraucht wird und zwei Paar Glücksschuhe. Dafür muss er ihm als Gegenleistung ein besonderes "Klötzlein Blei" mitbringen. Ein Paar Glücksschuhe ist für ihn selbst, das andere, ein Paar Mädchenschuhe, soll er am Weg stehen lassen. Doch Seppe vertauscht die Schuhe und so tragen er und seine für ihn vorgesehene Frau Vrone je einen falschen Schuh. Seppe geht auf Wanderschaft und besteht viele Abenteuer. So gerät er fast in die Fänge einer mehrfachen Witwe, die alle ihre Männer umgebracht haben soll und wird durch die Glücksschuhe schließlich doch mit Vrone zusammengeführt – die Verlobung findet auf einem Trapezseil statt. In diesem Märchen, in dem das Hutzelmännlein seine Hand immer lenkend im Spiel hat, befindet sich die „Historie von der schönen Lau", einer Nixe im schwäbischen Blautopf bei Blaubeuren, die kein lebendes Kind auf die Welt bringen kann, bevor sie nicht fünfmal gelacht hat – was ihr durch das Miterleben menschlicher Schwächen und Ungeschicklichkeiten aber schließlich gelingt. In diesesMärchen nimmt Mörike volkstümliche Gedichte, Lieder, Reime, Verse, Sprichwörter, Rätsel und mundartliche Redewenungen auf, wie etwa den Stolpervers: „S´leit a Klötzle Blei glei bei Blaubeura, glei bei Blaubeura leit a Klötzle Blei." Das hat den Leuten gefallen. So hat es die Menschen des 19. Jahrhunderts fasziniert, weil es alles enthielt, was sie lesen wollten: Es spielt im Mittelalter zur Zeit des Grafen Eberhard und ist voll geheimnisvoller und märchenhafter Ereignisse. Dieses Märchen war so gut gemacht, dass es weder Ludwig Uhland, noch Theodor Storm für ein von Mörike erfundenes Märchen hielten. Storm hielt es für eine „Figur des Volksglaubens" und Uhland glaubte, Mörike habe eine verschollene uralte Blaubeurer Sage entdeckt. Ich habe festgestellt, dass heute niemand mehr weiß, worum es im „Stuttgarter Hutzelmännlein" geht, aber fast jeder schon einmal etwas von der „Schönen

Lau" gehört hat, die die Faszination des Blaubeurer Blautopfes bis heuteimmer noch lebendig erhält.

Trennung von seiner Frau und Tod in Stuttgart

Sie hatten einander einmal sehr geliebt. Und sie hatten zwei Töchter, Fanny und Marie. Hinzu kam: Aus dem armen Schlucker Mörike war ein bekannter und erfolgreicher Schriftsteller geworden. Dennoch scheiterte die Ehe. Wohl deshalb, weil es keine Ehe zu zweit, sondern eine zu dritt gewesen ist. Irgendwann verstanden sich die ehemaligen Freundinnen Margareta und Klara nicht mehr. Das Zusammenleben wurde für alle zur Qual. So sind trotz des großen beruflichen Erfolges seine letzten Lebensjahre überschattet von Streit und Missgunst in der Familie. Mörike hatte einmal geschrieben: „Mein bestes Glück liegt innerhalb des Hauses." Davon war nun nichts mehr übrig geblieben. Und auch seine Charakterisierung der Frauen als „sanfte Drachen" stimmte schon lange nicht mehr.

Vor seiner Hochzeit mit Margareta hatte er an sie und Schwester Clara einen gleichlautenden Brief geschickt, in dem stand: „....Ich kann beide in mir nicht trennen. Euer getreuer Eduard."

1873, 22 Jahre nach diesen Briefen, entschied er sich für seine Schwester. Er trennte sich von seiner Ehefrau und zog im November 1873 mit Schwester Klara und der jüngeren Tochter Marie in die Moserstraße 22. Das Haus konnte er zu diesem Zeitpunkt kaum noch verlassen. Der 71-jährige Mörike wurde

immer schwächer und musste immer mehr die Hilfe seiner Schwester in Anspruch nehmen. Diese pflegt ihn aufopferungsvoll. Aber Eduard Mörike litt nicht nur körperlich, er litt auch seelisch, vor allem unter der Trennung von seiner Frau.

Am 21. Mai 1875 geschah das Wunder: Margareta kam aus Mergentheim und versöhnte sich mit ihrm. Da hatte Mörike noch 17 Tage zu leben. Er starb am 4 Juni 1875. Schwester Klara schrieb: „Diesen Morgen um 8 Uhr verschied sanft, fast unmerklich, aber nach qualvollen Schmerzen, die die ganze Nacht andauerten, unser geliebter Eduard." Seine Beerdigung fand am 6. Juni 1875 auf dem Stuttgarter Pragfriedhof statt. Mit dabei waren Karl Gerok, Ferdinand Freiligrath und Johann Georg Fischer. Der bezeichnete Mörike in seiner Grabrede als „Stern erster Größe am deutschen Dichterhimmel". Friedrich Theodor Vischer sprach gar von einem Dichter, „der in dieser Welt eine Welt von Wundern zauberte."

Aber am besten finde ich, was einige Tage später Gottfried Keller schrieb: „Wenn sein Tod nun seine Werke nicht unter die Leute bringt, so ist ihnen nicht zu helfen, nämlich den Leuten!"

Mir hat die Beschäftigung mit Eduard Mörike Spaß gemacht. Er war ein interessanter Mensch, der es trotz schlechter Leistungen in der Schule im Leben zu etwas gebracht hat. Mir gefallen auch die meisten seiner Gedichte. Einige habe ich in der Schule kennengelernt, manche, wie „September-morgen" und „Er ist´s" sogar auswendig lernen müssen. Es war für mich auch interessant zu sehen, dass man mit 2 Frauen eigentlich nicht zusammenleben kann. Auch dann nicht, wenn man beide mag. Aber klasse fand ich, dass er sich mit seiner Frau wieder versöhnt hat. Ein halbes Happyend ist mir lieber als gar keines. Im Internet habe ich die folgende Bemerkung gelesen, die ich an das Ende meiner GFS stellen möchte: „Nach Mörikes Tod kam zunächst kein neues oder gesteigertes Interesse an seinen Werken auf. Zahlreiche Veröffentlichungen halfen nur ein wenig, Mörikes Namen zu verbreiten. Selbst Ausstellungen in den Jahren 1965 und 1975 anläßlich Mörikes Todestag brachten nicht den vollständigen Durchbruch. Erst in den achtziger Jahren unseres Jahrhunderts trat langsam ein Wandel ein, der dazu beitrug, daß Mörike und seine Werke eine Anerkennung und Würdigung erlangten, die ihnen auch gebührten."

Quellenangaben

Ferchl, Irene,Setzler, Wilfried, Mit Mörike von Ort zu Ort, Lebensstationen des Dichters in Baden-Württemberg, Silberburg-Verlag Tübingen, 2004

Mörike, Eduard, Das Stuttgarter Hutzelmännlein, Betulius-Verlag Stuttgart,2002

http://de.wikipedia.org/wiki/Eduard_M%C3%B6rike

http://www.lehrer.uni-karlsruhe.de/~za874/homepage/moerike.htm

http://www.modehaus-vogel.de/Geschichte/Eduard_Morike/eduard_morike.html

BEI GRIN MACHT SICH IHR WISSEN BEZAHLT

- Wir veröffentlichen Ihre Hausarbeit, Bachelor- und Masterarbeit

- Ihr eigenes eBook und Buch - weltweit in allen wichtigen Shops

- Verdienen Sie an jedem Verkauf

Jetzt bei www.GRIN.com hochladen und kostenlos publizieren